EURÊKA!

La Terre

Wendy Baker et Andrew Haslam

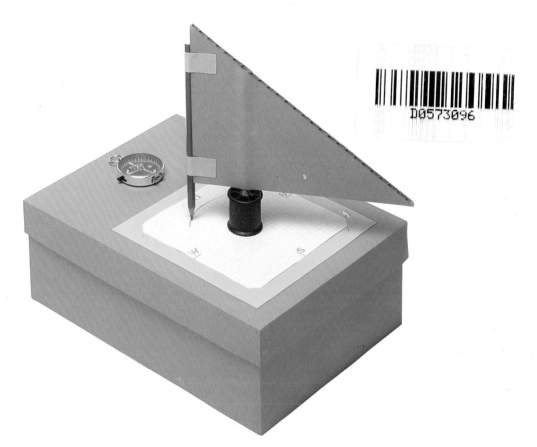

Texte de
Alexandra Parsons

Photographie: Jon Barnes
Coordinateur de la collection: John Chaldecott
Consultant scientifique: Graham Peacock
Professeur de Sciences appliquées
à Sheffield City Polytechnic

Les éditions Scholastic
123, Newkirk Road, Richmond Hill (Ontario) Canada L4C 3G5

EURÊKA!
Dans la même collection:

L'électricité
Les insectes
L'acoustique
Les machines
Les plantes

Édition originale publiée in 1992 par Two-Can Publishing Ltd., Londres

Titre originale: Make It Work! Earth

ISBN: 0-590-74805-X

Exclusivité au Canada et aux États-Unis:
Les éditions Scholastic
123 Newkirk Road, Richmond Hill (Ontario) L4C 3G5

432   Imprimé à Hong Kong   678/9

Données de catalogage avant publication (Canada)
   Baker, Wendy
      Eureka: La terre

   Traduction de: Earth
   ISBN 0-590-74805-X

   1. Terre - Ouvrages pour la jeunesse
   2. Terre - Expériences - Ouvrages pour la jeunesse.
   I. Haslam, Andrew. II. Parsons, Alexandra.
   III. Barnes, Jon. IV. Titre.

   QE29.B3213 1993   j550   C93-093624-8

Rédacteur: Mike Hirst
Illustrateur: Michael Ogden
Coordinateur de la collection: John Chaldecott

Nous tenons à remercier également Albert Baker, Catherine Bee, Tony Ellis, Elaine Gardner, Nick Hawkins, Claudia Sebire et l'ensemble des collaborateurs de Plough Studios.

Table des matières

Les mots imprimés en **caractères gras**
sont expliqués dans le glossaire.

4 Les scientifiques

Sais-tu de quoi sont faits le sol et les roches? Comment un météorologue peut prévoir un temps pluvieux ou ensoleillé? Les sciences de la Terre nous permettent de répondre à toutes ces questions. Elles ont pour but d'étudier la planète sur laquelle nous vivons.

L'étude de la planète englobe de nombreux domaines qui se recoupent souvent. Ainsi, la **géologie** étudie ce qui se trouve sous nos pieds, c'est-à-dire le sol et les roches de la planète. La **météorologie** est l'étude du temps. Et avec la **géographie**, les scientifiques étudient la surface de la planète, ses océans, ses montagnes, ses rivières et ses plaines. Réalise tes propres expériences et deviens toi aussi un scientifique!

À TOI DE JOUER!

En réalisant les expériences proposées dans ce livre, tu découvriras de quoi est constituée la Terre, comment utiliser une carte et comment enregistrer et prévoir les variations du temps.

Matériel nécessaire

La plupart des expériences décrites dans ce livre nécessitent un matériel simple: du carton, de la colle et divers autres objets. Toutefois, certains outils spécialisés pourront t'être utiles.

Un marteau de géologue Ce marteau est spécialement conçu pour détacher des échantillons de roche.

Des lunettes de protection Elles protègeront tes yeux des éclats de pierre. Tu peux acheter le marteau et les lunettes chez un marchand de minéraux et de pierres, mais un petit marteau de maçon à tête plate et des lunettes que tu trouveras dans une quincaillerie feront aussi bien l'affaire.

Une loupe de poche et de petits sacs en plastique Ils servent à examiner et conserver les échantillons de roche et de sol.

Des cahiers, des crayons à papier et des stylos Tu en auras besoin pour consigner toutes tes activités et expériences. Prends des notes et classe-les soigneusement: c'est une partie importante du travail du scientifique.

Un thermomètre à maxima et à minima Les thermomètres servent à mesurer la température. Celui-ci enregistre aussi les températures extrêmes. Il est très utile pour vérifier la température la plus basse et la plus élevée de chaque jour.

Un appareil photo C'est une autre manière d'enregistrer tes expériences. Tu peux prendre des photos de formations nuageuses, par exemple.

Une boussole Elle t'indique dans quelle direction se trouve le nord, ce qui est important pour orienter tes cartes.

Des cartes Elles permettent de rassembler de très nombreuses informations à propos de la Terre. Tu peux les acheter dans la plupart des librairies ou les emprunter à la bibliothèque.

Parfois, la nature elle-même nous fournit l'équipement dont nous avons besoin pour nos observations sur la Terre. Nous pouvons même prévoir le temps en observant le comportement des animaux et des plantes. Par exemple accroche des algues dehors: elles sont humides lorsque l'air est saturé d'humidité et qu'il va probablement pleuvoir, mais quand l'air est sec, elles sont sèches elles aussi.

Les cartes constituent un moyen efficace d'enregistrer toutes sortes d'informations sur la Terre. Certaines cartes donnent une vue d'ensemble de la surface de la Terre, les collines et les vallées, les routes et les rivières, les villes et la campagne. D'autres cartes contiennent des renseignements beaucoup plus spécialisés: cartes météorologiques, plans de rues, graphiques représentant le cours des rivières et cartes géologiques indiquant les types de minéraux contenus dans le sol.

● **Une carte de relief** présente l'altitude et la forme d'un terrain, avec toutes ses caractéristiques physiques: collines, vallées, rivières et plaines.

● **Une carte politique** montre comment la Terre est divisée en pays et états, ou en régions, départements, communes, etc.

● **Une carte thématique** fournit des renseignements particuliers. Elle peut, par exemple, indiquer les variations du niveau des pluies ou de la population dans différentes régions.

● **Une carte isométrique** est en réalité une image qui illustre une portion de terrain comme si on l'observait du ciel.

● **Une carte marine** donne la profondeur des mers et des océans, ainsi que la forme des fonds marins.

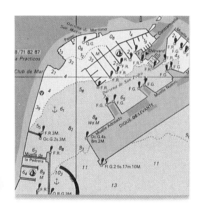

1. Carte marine
d'un port

2. Carte routière d'une
partie de l'Allemagne

3. Carte de relief
d'un volcan

4. Carte de relief
des Alpes

5. Plan des rues
de Tokyo

La plus vieille carte découverte par des archéologues fut réalisée environ 2 300 ans avant J.C. Elle était dessinée sur une petite tablette d'argile, et représentait une propriété de l'empire babylonien.

À TOI DE JOUER!

Essaie de trouver le plus grand nombre possible de cartes de types différents. Tu peux les collectionner. Cependant, les cartes coûtent cher et il vaudrait peut-être mieux que tu commences par regarder celles que tu trouveras à la bibliothèque de ta ville. Fais une fiche pour chaque carte. Étudie-les attentivement et rédige une liste de toutes les catégories de renseignements qu'elles contiennent.

1. Carte de relief en trois dimensions de la Région des Lacs, en Angleterre

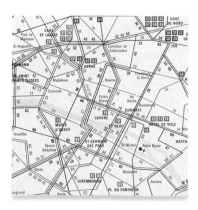

2. Carte des lignes d'autobus parisiens

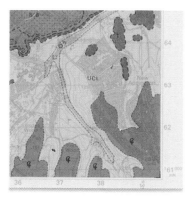

3. Carte géologique présentant des types de roches

4. Carte isométrique des rues de New York

5. Plan des rues de Los Angeles

6. Carte du trajet d'une rivière

La carte la plus précise de la Terre est tridimensionnelle et a la forme d'une sphère. Les cartes planes nous donnent une bonne idée de la forme des pays et des continents, mais elles ne sont jamais tout à fait fidèles. Lorsque les formes courbes de la Terre sont projetées à plat sur du papier, elles sont toujours légèrement modifiées ou déformées.

1 Enroule une bande de papier journal en forme d'anneau pour faire un support au ballon. Trempe des bandelettes de vieux journaux dans de la colle à papier peint, et recouvre le ballon de trois ou quatre couches lisses de ce papier mâché. Laisse-le sécher.

2 Mélange l'enduit cellulosique avec de l'eau pour obtenir une pâte consistante. Étale-la par petites touches autour du globe, en donnant leurs formes aux continents. Reporte-toi à une carte du monde pour que les formes soient aussi fidèles que possible.

À TOI DE JOUER!
Tu découvriras la forme des océans et des continents en fabriquant ton propre globe avec un vieux ballon de football, du papier mâché et un enduit cellulosique.

Matériel nécessaire
un vieux ballon de football en plastique
de vieux journaux, une carte du monde
de la peinture et des pinceaux
un enduit cellulosique
de la colle à papier peint

3 Si ta carte représente des montagnes et des plaines, passe plusieurs couches d'enduit pour les régions élevées du globe et une seule couche fine et plane pour les plaines. Une fois le moulage terminé, laisse sécher.

4 Peins ton globe terrestre. Recouvre les océans de bleu, les plaines de vert et les montagnes de brun. Utilise de la peinture blanche pour les deux calottes glaciaires des pôles nord et sud.

Près de 70 pour cent de la surface de la Terre sont recouvertes par des mers ou des océans, seulement 30 pour cent par la terre ferme. Aux pôles nord et sud, régions de la planète où les rayons du soleil sont les plus faibles, se trouvent les calottes glaciaires. Ce sont de vastes étendues de terre et de mer recouvertes de neige et de glace.

Bien que nous ne puissions pas le sentir, la Terre est constamment animée d'un mouvement circulaire, comme une toupie. Elle fait un tour complet sur elle-même en 24 heures. Quand une partie de la Terre fait face au soleil, il y fait jour. Mais au fur et à mesure que la Terre tourne et que cette partie s'éloigne du soleil il y fait de plus en plus sombre, jusqu'à ce que la nuit tombe.

5 Procure-toi une mappemonde et compare-la avec la tienne. As-tu modelé de manière précise les formes des continents?

Observe de nouveau les cartes des pages six et sept. Tu verras que certaines sont traversées de fines lignes bleues ou noires. On appelle ces lignes le quadrillage de la carte. Si tu sais comment le quadrillage fonctionne, tu peux utiliser les **coordonnées** de la carte pour localiser exactement et rapidement n'importe quel point de la carte.

À TOI DE JOUER!

Entraîne-toi à utiliser les coordonnées d'une carte grâce au jeu de l'Île au Trésor. Fabrique tout d'abord la planche de jeu et les autres objets, lis ensuite les règles et... à toi de jouer!

Matériel nécessaire

du papier et du carton en couleur   des dés
des crayons et des stylos   de la colle
des ciseaux et un couteau de dessinateur
des épingles

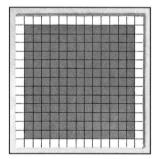
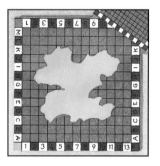

▲ Fabrique la planche de jeu

1 Prends un grand carré de carton, d'environ 75 cm de côté. Trace sur ce carton un quadrillage de 15 carrés horizontaux sur 15 carrés verticaux.

2 Dessine la forme d'une île au trésor et peins-la sur la planche en illustrant clairement les étendues de terre et d'eau. Sur le bord de la planche, inscris les lettres et les chiffres qui définissent les coordonnées, comme sur la photo ci-dessus.

3 Peins les carrés dans les angles, un bleu, un vert, un rouge et un jaune. Ce sont les cases de départ de chacun des joueurs.

Les coordonnées de la carte

En général, les coordonnées d'une carte sont représentées par une lettre et un chiffre, par exemple G8. Trouver l'emplacement indiqué par des coordonnées est très facile. Chaque ligne de la grille est identifiée par une lettre ou un chiffre (dans notre jeu, les lignes verticales correspondent à des lettres et les lignes horizontales à des chiffres). Pour atteindre G8, cherche la ligne G sur le bord du quadrillage et la ligne 8 sur l'autre bord. La case G8 est l'endroit de la carte où ces deux lignes se croisent.

▲ Fabrique le tableau de référence

Chaque joueur a besoin d'un tableau de référence pour garder la trace des coffres dont il s'est emparé. C'est en fait une version plus petite du quadrillage principal, mais sans l'île. Peins un tableau de référence dans chacune des couleurs des joueurs : bleu, vert, rouge et jaune.

▶ Si tu veux, tu peux décorer ton île au trésor de quelques palmiers. Découpe deux formes d'arbres identiques. Fends l'une d'elles du haut jusqu'au milieu, et l'autre du bas jusqu'au milieu, puis encastre-les l'une dans l'autre pour que le palmier tienne debout.

▼ Fabrique les coffres

Découpe les formes ci-dessous dans du carton en couleur. La ligne "x" doit avoir la longueur d'une case de la planche afin que chacun des coffres occupe exactement une case entière. Plie le papier suivant les lignes tracées au crayon et colle les languettes comme sur la figure ci-dessous.

▼ Fabrique les cartes trésor

Reproduis six fois chacun des modèles ci-dessous sur du carton. Les cartes doivent être légèrement plus petites que les cases du tableau pour pouvoir tenir dans les coffres des pirates.

▲ Fabrique les pirates

Ce sont les pions du jeu. Chaque pirate est composé d'un tube de papier sur lequel on colle un visage avec un bandeau sur l'œil. Le chapeau et les rayures doivent correspondre aux couleurs des joueurs. Fabrique deux pirates par joueur.

▼ Fabrique les bateaux

Découpe la forme ci-dessous dans du carton (le trou dans le pont doit correspondre à la taille d'un pirate). Plie et colle les languettes. Fabrique un bateau pour chaque pirate avec un drapeau de la couleur de son joueur.

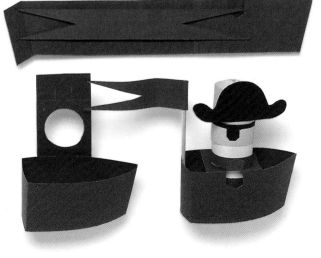

Règles du jeu

Joue à l'Île au Trésor et récupère autant de coffres enterrés que possible!

1 Mélange les cartes et mets-en six dans chaque coffre. Place les coffres sur l'île.

2 Chaque joueur dispose d'un petit tableau de référence, de deux bateaux et de deux pirates. Les joueurs lancent le dé chacun à leur tour pour faire avancer leurs bateaux avec les pirates. Le score obtenu par le lancer du dé peut être réparti entre les pions.

3 Démarre de ta case de départ et fais avancer tes deux bateaux sur le pourtour de la planche dans des directions opposées.

4 Quand tes bateaux sont parvenus au niveau des coordonnées exactes d'un coffre, les pirates sautent par-dessus bord et s'avancent vers lui en ligne droite. Le score obtenu par le dé doit correspondre exactement au nombre de cases qui séparent le pirate des cases entourant le trésor.

5 Quand les deux pirates sont en position, ouvre le coffre et prends la carte du dessus. Si tu pioches une tête de mort, saute un tour et retourne à ta case de départ.

6 Si tu prends une carte trésor, les pirates retournent à leur bateau et peuvent aller chercher un nouveau coffre.

7 Le jeu se termine lorsqu'un joueur a fait main basse sur un trésor dans chaque coffre. Le gagnant est celui qui a remporté le plus de trésors.

◀ Utilise les petits tableaux de référence et les épingles pour marquer les coffres que tu as visités.

À l'abordage!

Les pirates attaquent souvent les bateaux de passage. Si le score exact de ton dé t'em- mène sur un bateau inoccupé, tu peux t'en emparer et son propriétaire doit te céder une de ses cartes trésor!

Pour lire une carte, tu dois comprendre son "langage", c'est-à-dire les différents signes et symboles qu'elle contient. Certains symboles sont faciles à comprendre: par exemple, une église représentée par une croix. Mais tu auras peut-être besoin de regarder la **légende** de la carte pour déchiffrer le sens d'autres symboles plus complexes.

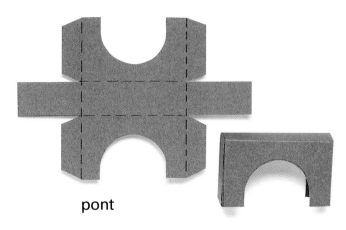

pont

1 Choisis les éléments que tu aimerais voir figurer sur ta carte et esquisse quelques formes simples pour les représenter.

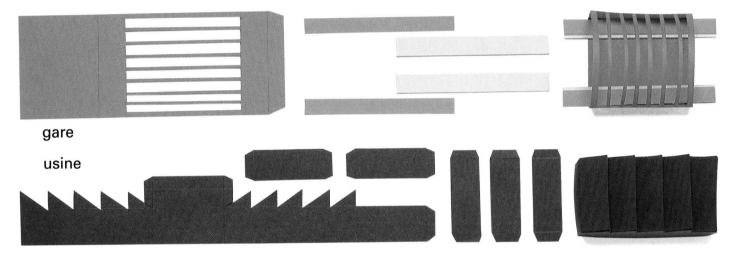

gare

usine

À TOI DE JOUER!

Fabrique une carte en trois dimensions, avec des maquettes de couleurs vives qui tiennent debout sur la base. Fais tes maquettes avec du carton ou de la pâte à modeler. Suis les instructions ci-après pour dessiner la base. Tu peux tracer un croquis de ton quartier ou dessiner le plan d'une ville imaginaire.

Matériel nécessaire pour les symboles

du carton en couleur	un couteau de dessinateur
de la colle	des ciseaux
des cure-dents	de la pâte à modeler

2 De nombreux symboles en trois dimensions peuvent avoir la forme d'une boîte, avec quatre côtés et un toit. L'un des symboles les plus simples est le pont. Il te suffit de découper la forme représentée en haut de la page, de la plier en suivant les pointillés et de coller les languettes.

3 Une fois le pont achevé, fabrique des boîtes pour représenter des bâtiments plus complexes, tels que des maisons, une gare ou une usine.

Tu peux utiliser divers matériaux pour construire des symboles en trois dimensions. Par exemple, avec de la pâte à modeler ou des morceaux de carton attachés à des cure-dents.

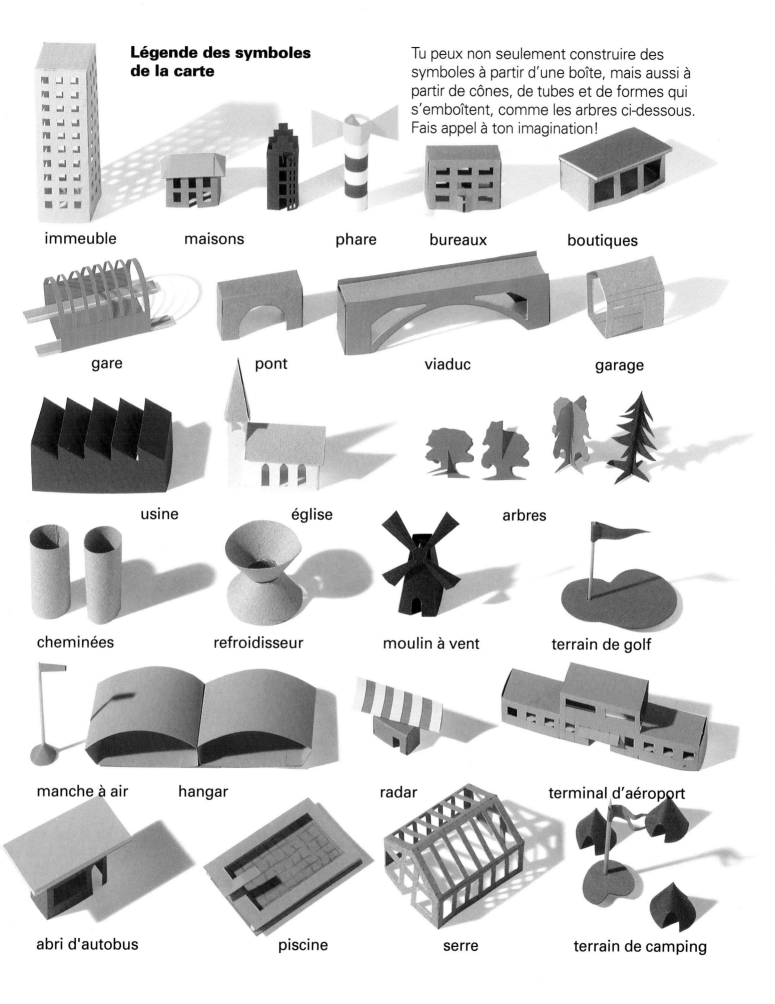

Légende des symboles de la carte

Tu peux non seulement construire des symboles à partir d'une boîte, mais aussi à partir de cônes, de tubes et de formes qui s'emboîtent, comme les arbres ci-dessous. Fais appel à ton imagination!

immeuble

maisons

phare

bureaux

boutiques

gare

pont

viaduc

garage

usine

église

arbres

cheminées

refroidisseur

moulin à vent

terrain de golf

manche à air

hangar

radar

terminal d'aéroport

abri d'autobus

piscine

serre

terrain de camping

Pour fabriquer la planche

Lorsque tu auras fabriqué quelques symboles, tu pourras dessiner la planche.

Matériel nécessaire pour la base

du papier millimétré   une boussole
des stylos et des crayons   du carton épais

1 Va dehors et pose la boussole par terre. L'aiguille se dirige vers le nord.

2 Fais tourner la boussole jusqu'à ce que l'aiguille soit alignée avec la flèche 'nord' de la boussole. Dessine une flèche indiquant le nord en haut de ta feuille de papier.

3 Maintenant dessine ta rue selon l'angle correct par rapport au nord.

4 Remonte la rue et dessine les autres voies de communication. Tout en avançant, repère chaque bâtiment ou détail qui devrait être représenté par un symbole particulier sur la carte. **Fais attention** si ta rue est animée. Prends garde à la circulation.

5 Quand ton croquis est terminé, reporte-le en l'agrandissant sur une feuille de carton et colorie-le.

6 Pour que ta carte fasse plus vrai, tu peux tracer un quadrillage de lignes fines sur la base et inscrire les coordonnées sur le pourtour.

7 Pour terminer, ajoute tes symboles en trois dimensions. Tu peux aussi rédiger une légende pour que ta carte soit plus facile à lire.

▼ Tu n'es pas obligé de te contenter d'une carte de ton quartier. Tu peux aussi créer une carte représentant une ville ou un village imaginaire.

18 Échelles et courbes de niveau

La forme d'un terrain est généralement représentée par des courbes de niveau qui relient tous les points d'une même altitude. Elles sont dessinées à intervalles de hauteur réguliers. Les collines abruptes et les montagnes sont représentées sur les cartes par des courbes de niveau très rapprochées les unes des autres.

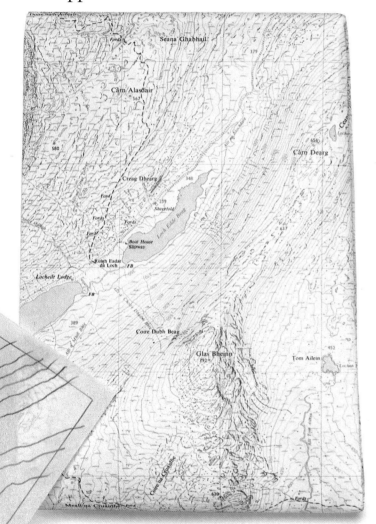

Matériel nécessaire
du carton épais (d'une vieille boîte en carton)
un couteau de dessinateur
de la colle   de la peinture
du papier-calque   une carte de relief
des stylos et des crayons

Échelle
La plupart des cartes sont dessinées à l'échelle. Les distances et les formes représentent celles du terrain, en beaucoup plus petit. Une carte pourra être dessinée suivant une échelle de 1 km pour 1 cm, par exemple: un kilomètre sur le terrain correspondra alors à un centimètre sur la carte.

À TOI DE JOUER!
Transforme les courbes de niveau d'une carte plane en une maquette en carton à trois dimensions, puis modifie l'échelle de ta maquette.

1 Choisis une partie de la carte où les courbes de niveau représentent des collines ou des montagnes. Dessine les courbes sur une feuille de papier-calque. Si les courbes de niveau sont très proches les unes des autres, tu peux simplifier le tracé en dessinant seulement une ligne sur deux ou même une sur trois.

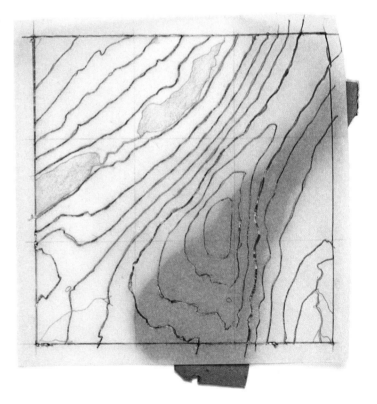

2 Retourne la feuille de papier-calque et repasse sur les lignes avec un crayon gras en appuyant fortement. Puis remets-la à l'endroit et place-la sur un morceau de carton épais.

Pour modifier l'échelle

Augmente les proportions de ta maquette pour la rendre deux fois plus grande et découvre ainsi à quoi sert une échelle.

1 Choisis une petite partie de la carte dont tu vas doubler l'échelle et copie les courbes de niveau sur une feuille de papier-calque.

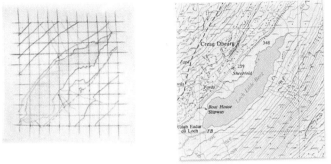

2 Dessine un quadrillage de 1 cm sur un 1 cm sur le tracé, comme ci-dessus.

3 Sur une deuxième feuille de papier-calque, dessine un quadrillage plus large, de 2 cm sur 2 cm, et recopie exactement la forme des courbes de niveau en doublant ainsi leurs dimensions. C'est très facile si tu recopies chaque ligne carré par carré.

4 Reporte les courbes de la plus grande grille sur un morceau de carton épais. Reproduis-les comme tu l'as fait auparavant mais cette fois, utilise deux épaisseurs de carton pour chaque courbe de niveau. Ta nouvelle maquette sera ainsi deux fois plus haute et deux fois plus étendue que l'originale.

3 Recopie la forme de la courbe la plus basse en repassant dessus avec un crayon.

4 Demande à un adulte de t'aider à découper la forme ainsi dessinée avec un couteau de dessinateur tranchant.

5 Puis, trace et découpe de la même façon chacune des autres courbes.

6 Coupe un grand morceau de carton qui servira de base à ta maquette.

7 Maintenant, colle les courbes à leur place. Commence par la plus basse, puis empile les autres par ordre de grandeur.

8 Une fois toutes les formes de carton collées, tu peux ajouter d'autres détails tels que les rivières ou les lacs.

Fais très attention

Lorsque tu utilises le couteau de dessinateur tiens le carton fermement et ne dirige jamais la lame vers toi.

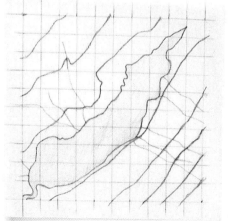

20 La cartographie des montagnes

On mesure l'altitude des montagnes à partir du niveau des océans. L'Everest, le plus haut sommet du monde, culmine à 8 848 m au-dessus du niveau de la mer.

Les cartes sont tracées par des géomètres. Pour calculer l'altitude du terrain ils utilisent un **théodolite**. *Cet instrument permet de mesurer les distances et les angles formés par des lignes imaginaires entre des points au sol. À partir de ces mesures, les géomètres calculent l'altitude au-dessus du niveau de la mer.*

À TOI DE JOUER!

Une fois que tu as observé et compris les courbes de niveau d'une carte de montagne tu peux réaliser la maquette en relief d'une montagne.

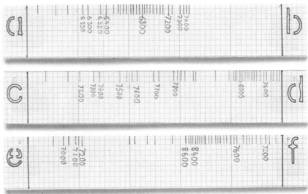

Matériel nécessaire

du papier millimétré du carton mince
un couteau de dessinateur un cure-dents
une carte à grande échelle des courbes
de niveau d'une montagne

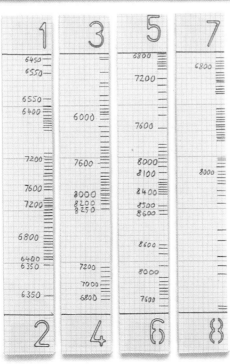

1 Procure-toi une carte représentant des courbes de niveau d'une montagne ou d'une colline élevée. Nous avons choisi de reproduire une maquette de l'Everest en trois dimensions.

2 Dessine un grand quadrillage sur la carte et inscris des chiffres et des lettres comme indiqué.

3 Découpe une bande de papier millimétré pour chacune des lignes horizontales et verticales du quadrillage. Identifie chaque bande par un chiffre ou une lettre.

4 Marque les courbes de niveau sur les bandes de papier millimétré à leur point d'intersection avec les lignes du quadrillage. Note l'altitude des courbes à côté des marques. Si ta carte indique une forte pente, n'inscris l'altitude que toutes les cinq ou dix courbes.

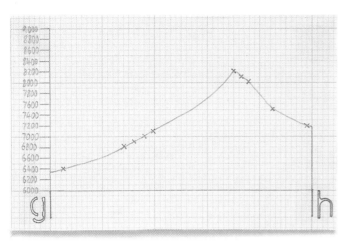

◄ Valeurs des courbes reportées sur graphique

► Coupes transversales découpées dans du papier millimétré

Pour rendre ta maquette plus réaliste, recouvre la structure en carton de fines couches de papier mâché. Une fois le papier mâché sec, peins en vert les parties basses de la montagne et en brun et noir les régions abruptes et rocheuses.

5 Reporte les altitudes sur un graphique du type de celui représenté ci-dessus pour chaque bande de papier-calque. Inscris une échelle des hauteurs sur le côté gauche de chaque graphique avec l'altitude la plus basse au bas de la feuille et la plus élevée en haut. Dans l'exemple ci-dessus, l'échelle va de 6 000 à 9 000 mètres.

6 Recopie les valeurs de chaque bande de papier millimétré sur un graphique, relie tous les points et découpe les formes obtenues.

7 Place ces formes sur du carton et dessine les contours. Découpe les nouvelles formes: elles représentent des coupes transversales de la montagne.

8 Fais une fente du bas jusqu'au milieu des coupes transversales qui correspondent à une lettre, et du haut jusqu'au milieu de celles qui correspondent à un chiffre.

9 Emboîte-les les unes dans les autres, dans l'ordre, et ta montagne prendra forme comme celle de la photo.

10 Fabrique une mire de géomètre avec une mince tige de bois. Reportes-y les repères de hauteur suivant la même échelle que celle de tes graphiques.

22 Les couches terrestres

La Terre a la forme d'une boule d'environ 13 000 km de diamètre dont l'intérieur est constitué d'une série de couches de roches et de métaux en fusion.

La couche extérieure de la Terre s'appelle la croûte terrestre. La plupart des scientifiques pensent qu'elle est faite d'une vingtaine d'énormes radeaux, ou plaques, qui s'adaptent les uns aux autres comme les pièces d'un puzzle gigantesque. L'étude de ces **plaques continentales** s'appelle la **tectonique des plaques.**

Comment les scientifiques peuvent-ils connaître la constitution des différentes couches de la Terre? Le trou le plus profond qu'on ait creusé atteint seulement 10 km et ne parvient même pas à traverser la croûte terrestre externe. Cependant, on a trouvé le moyen d'étudier les ondes de choc produites par les tremblements de terre. Ces ondes voyagent à une vitesse qui varie en fonction du matériau qu'elles traversent et nous renseignent ainsi sur la nature des roches et des métaux de la planète.

À TOI DE JOUER!
Visualise les couches terrestres en fabriquant une planète en pâte à modeler. Il te faudra de la pâte à modeler bleue, jaune et verte pour les terres émergées et les océans de la croûte terrestre et cinq autres couleurs pour les cinq couches internes.

1 Commence par le noyau interne, le centre de la Terre. Les scientifiques pensent qu'il est fait de fer et de nickel solides dont la température est largement supérieure au point d'ébullition de l'eau. Le diamètre du noyau interne est d'environ 2 600 km.

2 Ajoute le noyau externe. Il est également fait de métaux liquides très chauds et on estime son épaisseur à 2 250 km.

3 Recouvre le noyau externe avec le **manteau** inférieur. Son épaisseur est de 1 250 km.

4 Le manteau supérieur a une épaisseur de 700 km. Il contient des roches solides, d'autres qui ont fondu puis refroidi, et un mélange de roches liquides et chaudes qu'on nomme **magma**.

5 Ajoute une fine couche de pâte à modeler pour figurer la croûte terrestre. Elle ne mesure que 33 km d'épaisseur. Façonne enfin la surface: les océans et les continents.

6 Quand tu as terminé ton globe de pâte à modeler, découpes-en un quartier pour obtenir une coupe transversale des différentes couches de la Terre.

À TOI DE JOUER!

Les volcans se forment le long des failles de la croûte terrestre, en général à l'intersection de deux plaques continentales. Des roches en fusion, de la vapeur et des gaz provenant des couches inférieures remontent jusqu'à la croûte. Fabrique une maquette de volcan et simule une éruption spectaculaire de gaz mousseux, avec du vinaigre et du bicarbonate de soude.

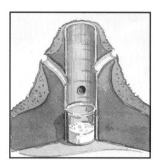

moulage de la pâte
à modeler

coupe transversale
du volcan

Matériel nécessaire

une grande boîte en carton   du vinaigre
un gobelet en plastique   du sable humide
du bicarbonate de soude
du colorant alimentaire rouge
de la pâte à modeler

1 Mélange le vinaigre avec le colorant alimentaire rouge.

2 Remplis à moitié le gobelet avec du bicarbonate de soude.

5 Coupe la boîte en carton en deux et place ton moulage à l'intérieur. Entasse le sable dans la boîte et sur le volcan. Vérifie que le cratère et les tunnels sont bien dégagés.

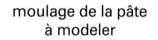

3 Fabrique un long tube de carton et ajuste-le autour du gobelet.

4 Perce trois ou quatre trous dans le tube. Pour former le volcan, recouvre-le de pâte à modeler en laissant le haut ouvert. Creuse quelques tunnels dans la pâte à modeler: ils doivent mener aux trous que tu as percés dans le tube.

6 Pour l'éruption, verse le vinaigre rouge dans le gobelet et écarte-toi! **Fais très attention** car cette expérience peut être très salissante! Il est prudent de porter de vieux vêtements et de provoquer les éruptions dehors!

En général on ne s'en aperçoit pas, mais la surface de la Terre est sans cesse en mouvement. Les plaques continentales qui sont accolées les unes aux autres et forment la croûte terrestre se déplacent de quelques centimètres par an. Les effets de ces infimes mouvements des plaques peuvent avoir d'énormes conséquences. De violents tremblements de terre surviennent là où les plaques s'entre-choquent et leur va-et-vient pendant des millions d'années est à l'origine de la plupart des chaînes de montagnes.

La courbe inférieure d'un pli de la croûte terrestre est appellée un **synclinal**.

La partie supérieure du pli est appellée un **anticlinal**.

1 Prends quatre ou cinq bandes de pâte à modeler et empile-les comme s'il s'agissait de couches de roches de la croûte terrestre.

2 Tiens le bloc par ses deux bouts et pousse-les l'un vers l'autre. Tu obtiendras un pli semblable à une montagne plissée, soit un synclinal soit un anticlinal.

À TOI DE JOUER!

Le mouvement des plaques tectoniques a provoqué l'apparition de deux types de chaînes de montagnes. Les **montagnes plissées** résultent d'une ondulation de la croûte terrestre. Les **montagnes produites par cassure et soulèvement** résultent de la pression des plaques, qui a brisé les couches de roches les plus fragiles, déplaçant et renversant ainsi des pans entiers de la croûte terrestre.

Fabrique des modèles simples de plissement et de cassure et soulèvement en utilisant des bandes de pâte à modeler.

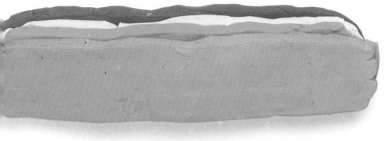

3 Prends maintenant une autre bande de pâte à modeler et coupe-la en trois. Fais glisser les morceaux les uns contre les autres comme si les roches se poussaient vers le haut ou vers le bas.

Quand la faille pousse une zone de terrain vers le haut, la roche déplacée est appellée **horst**. *Quand elle s'enfonce, elle produit un* **graben**.

Matériel nécessaire de la pâte à modeler un couteau pour pâte à modeler

Fabrique un casse-tête de plaques tectoniques

Fabrique un puzzle de la mappemonde et observe comment les plaques continentales s'imbriquent les unes dans les autres.

Matériel nécessaire

du carton épais   de la peinture et de la colle
un couteau de dessinateur tranchant
des stylos et des crayons
une mappemonde   du papier-calque

1 Recopie une mappemonde sur du papier-calque avec un stylo rouge. Retourne le papier et repasse avec le crayon en bien appuyant sur l'envers de la ligne rouge.

2 Remets le papier-calque à l'endroit et pose-le sur un morceau de carton épais (le côté d'une boîte en carton conviendra parfaitement).

3 Redessine les contours de la mappemonde en appuyant fortement. Le dessin du papier-calque est reproduit sur le carton.

4 Demande à un adulte de t'aider à découper le contour des terres avec un couteau de dessinateur tranchant. **Fais très attention!** Tiens le carton fermement et ne dirige jamais la lame vers toi.

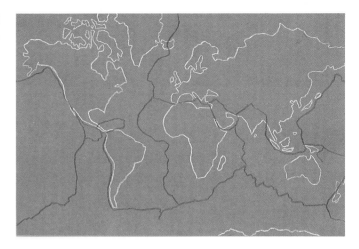

5 Prends un autre morceau de carton épais et colle les pièces les unes contre les autres. Peins les mers et les océans en bleu.

6 Recopie les formes des plaques continentales sur la carte en t'inspirant du croquis ci-dessus, ou cherche dans un atlas une carte plus détaillée.

7 Découpe le long des failles entre les plaques continentales pour créer les pièces du casse-tête.

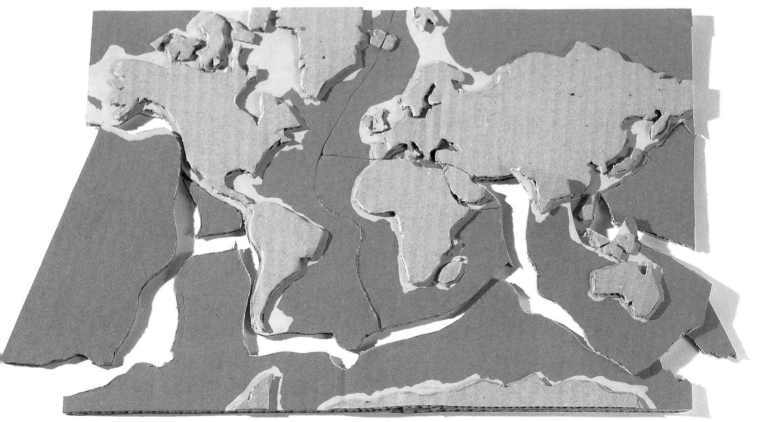

26 Les roches

Les roches sont des blocs solides de **minéraux** qui composent la croûte terrestre. On distingue trois processus de création des roches, ainsi les géologues les classent en général en trois catégories.

● Les roches **sédimentaires,** qui sont composées de couches de sable et de limon écrasées les unes sur les autres.

● Les roches **éruptives,** qui ont subi une température tellement élevée qu'elles ont fondu puis sont redevenues solides en refroidissant.

● Les roches **métamorphiques,** qui sont des roches sédimentaires ou éruptives modifiées par l'action de la chaleur ou de la pression.

Matériel nécessaire

un marteau de géologue   minéraux
des boîtes d'allumettes vides   de la colle
des mouchoirs en papier   une loupe
des sacs en plastique   un carnet et un stylo
du correcteur liquide blanc
un livre de référence sur les roches et
    les minéraux

À TOI DE JOUER!

Rassemble des roches, mets des étiquettes et classe-les. Les géologues étudient les roches soigneusement. Ils examinent leur grain et la manière dont elles se sont formées.

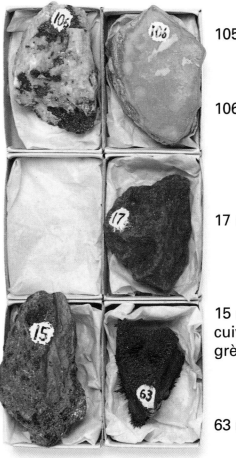

105 granite

106 chrysocolle

17 réalgar

15 minerai de cuivre dans du grès

63 magnétite

1 Ramasse des échantillons de roches dans ta région. Ce sera plus difficile si tu habites en ville. Tu peux aussi enrichir ta collection avec des roches courantes, par exemple du charbon. Profite de tes excursions à la campagne ou à la mer pour rassembler de nouveaux échantillons. Tu peux également acheter des roches rares dans des magasins spécialisés.

2 Fabrique des boîtes pour classer tes échantillons. Récupère des boîtes d'allumettes vides et colle-les bord à bord pour former des plateaux de six ou neuf compartiments. Dans chaque boîte, place un mouchoir en papier sur lequel reposera la roche.

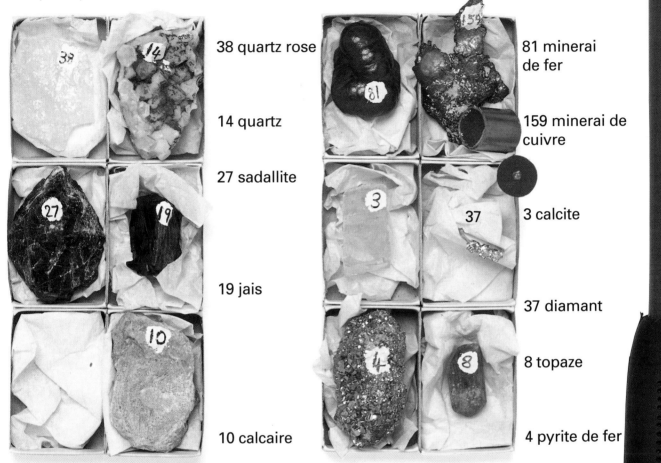

38 quartz rose

14 quartz

27 sadallite

19 jais

10 calcaire

81 minerai de fer

159 minerai de cuivre

3 calcite

37 diamant

8 topaze

4 pyrite de fer

3 Numérote tes échantillons. Passe une couche de correcteur liquide blanc dans un des coins et écris le numéro à l'encre.

4 Fais une fiche pour chaque roche. Dessine-la et note l'endroit où tu l'as trouvée. Si tu ne connais pas son nom, cherche-le dans un livre spécialisé ou dans une encyclopédie.

▶ Certaines roches contiennent des fossiles, les empreintes d'animaux préhistoriques. L'animal mourant tombait par terre et était recouvert de boue ou de terre meuble. Avec le durcissement du sol et avec sa transformation en roche, l'empreinte de l'animal subsistait très précise.

Roches dures et roches friables

On peut également classer les roches selon leur dureté. En 1812, un scientifique autrichien, Friedrich Mohs, a mis au point une échelle de dureté des minéraux. L'échelle va de un à dix. Une roche classée à un niveau de l'échelle ne peut rayer que les roches situées aux niveaux inférieurs. Le diamant, qui peut rayer n'importe quoi, se situe en haut de l'échelle avec le numéro 10. En bas se trouve le talc, roche si tendre qu'on l'utilise réduite en poudre sur les fesses des bébés!

▼ Mohs a établi son échelle de dureté à partir des dix types de roches ci-dessous.

▶ Formation du calcaire

Le calcaire contient de la **calcite**. Il se manifeste sous de nombreuses formes et il est souvent modelé par l'action de l'eau. Les formations calcaires les plus spectaculaires sont les piliers géants qui se développent dans les grottes. Au fur et à mesure que l'eau filtre dans une grotte, elle dissout la calcite des roches environnantes. Chaque fois qu'une goutte d'eau tombe du plafond et sèche, elle laisse derrière elle un petit dépôt de calcite qui s'accumule progressivement en **stalactites** et **stalagmites**.

Matériel nécessaire

deux verres   une soucoupe
des trombones   de la ficelle
des cristaux de soude   de l'eau distillée

1 Remplis à moitié les deux verres avec de l'eau distillée. Verse progressivement autant de cristaux de soude que l'eau peut en dissoudre. Ce mélange est appelé une solution saturée de soude.

2 Plonge la ficelle dans la solution. Étends-la entre les deux verres, avec la soucoupe au milieu. Fixe-la avec les trombones, comme sur la photo, et attends trois ou quatre jours.

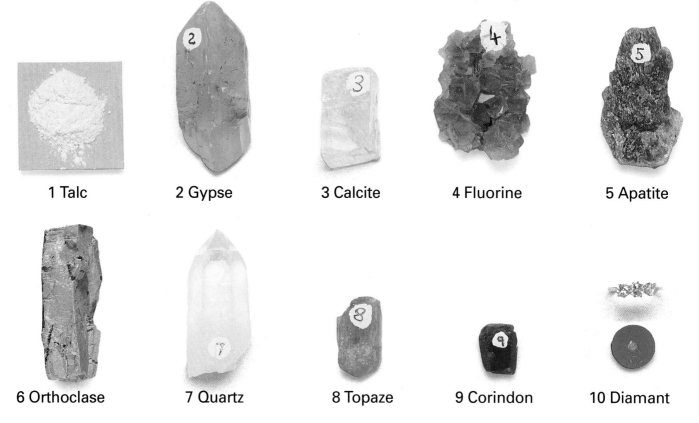

1 Talc   2 Gypse   3 Calcite   4 Fluorine   5 Apatite

6 Orthoclase   7 Quartz   8 Topaze   9 Corindon   10 Diamant

Les stalactites avec un "t" tombent du plafond. Les stalagmites avec un "m" montent du sol.

3 La solution parcourt la ficelle comme si c'était le plafond d'une grotte. Lorsqu'elle atteint le point le plus bas, elle s'égoutte dans la soucoupe. L'eau sèche à l'air, laissant de petits dépôts de soude qui forment une stalactite, tandis qu'une stalagmite se forme à l'endroit où l'eau tombe dans la soucoupe.

▶ Formation des cristaux

Un cristal est un morceau de matière dont les **atomes** sont organisés suivant un motif régulier. Les cristaux de roche se forment lorsqu'une solution saturée de certains types de minéraux **s'évapore** lentement. Si le cristal entre à nouveau en contact avec la même solution saturée, il peut continuer à se développer.

Matériel nécessaire

un verre	un crayon
de l'eau distillée	une soucoupe
du sulfate de cuivre en poudre	un fil de coton

1 Prépare une **solution saturée** d'eau distillée chaude et de sulfate de cuivre en poudre. Verses-en un peu dans une soucoupe.

2 L'eau va s'évaporer lentement, laissant des cristaux de sulfate de cuivre. Choisis le plus grand et attache-le au fil de coton. Suspends-le à travers un carton dans un verre rempli de solution, comme sur la photo.

3 Maintenant, sois patient(e)! Pendant les trois ou quatre semaines à venir, ton cristal va grossir de plus en plus.

Fais très attention lorsque tu utilises le sulfate de cuivre! C'est un poison!

30 Le sol

Le sol est constitué de roches et de minéraux qui ont été écrasés et mélangés à de l'eau, de l'air et à des restes d'animaux et de plantes morts. Tout comme pour les roches, les caractéristiques du sol sont différentes. Elles changent selon les endroits, certains convenant mieux à la culture que d'autres.

À TOI DE JOUER!

Le sol est composé de plusieurs couches successives ou **strates**. Les particules les plus grosses et les plus lourdes sont généralement celles des couches les plus basses (le **sous-sol**), alors que les plus légères se concentrent dans la **couche supérieure**, la plus proche de la surface. Dans une bouteille en plastique, fabrique ton propre échantillonnage des différentes strates.

1 Remplis la bouteille d'eau et de sol en quantités égales à l'aide d'un entonnoir en carton.

2 Bouche la bouteille et secoue-la pendant quelques minutes. Laisse-la reposer. Après plusieurs heures, les sols se seront déposés au fond de la bouteille.

3 Siphonne l'eau en faisant très attention à ne pas remuer le sol. Pour cela, mets une des extrémités du tuyau en plastique dans la bouteille, et aspire légèrement à l'autre bout. Dès que l'eau commence à monter dans le tuyau, retire-le vite de ta bouche et place-le dans un verre posé en dessous du niveau de la bouteille. L'eau continuera à couler dans le verre.

Les couleurs du sol

Mélange des sols recueillis dans des strates différentes avec un peu d'eau. Étale les pâtes ainsi obtenues sur du carton blanc et compare les couleurs.

Matériel nécessaire

une bouteille en plastique   du carton
un tuyau en plastique   de l'eau
un couteau de dessinateur tranchant
une aiguille à tricoter
un mélange de sols provenant d'un même trou
    creusé à des profondeurs différentes.

4 Pour évacuer les dernières gouttes d'eau, perce de petits trous dans le fond de la bouteille avec une aiguille à tricoter et laisse-la reposer pendant quelques minutes dans l'évier ou dans une cuvette.

5 Demande à un adulte de couper la moitié supérieure de la bouteille et pose la partie inférieure sur le côté. Fends-la en deux dans le sens de la longueur. Glisse un morceau de carton dans la fente au fur et à mesure que tu découpes la bouteille pour ne pas laisser tomber de sol. Observe les différentes strates.

Pour tester l'acidité des sols

Les sols contiennent des produits chimiques qui sont soit **acides**, soit **alcalins**. Les scientifiques mesurent ces propriétés chimiques sur l'échelle des pH. Les acides ont un pH qui va de 0 à 7 et les alcalis de 7 à 14. Les scientifiques et les agriculteurs testent souvent le pH des sols. Les sols acides sont généralement moins riches en minéraux que les sols alcalins et par conséquent moins propices aux cultures.

▲ L'acide fait virer au rose le papier de tournesol violet.

▼ L'alcali fait virer au violet le papier de tournesol rose.

À TOI DE JOUER!

Teste toi-même l'acidité des sols. Le plus simple est d'utiliser du papier de tournesol, traité avec une teinture spéciale qui réagit aux acides et aux alcalis en changeant de couleur.

Matériel nécessaire

des verres   de l'eau distillée
des échantillons de sols
des bandes de papier de tournesol

1 Mets un échantillon de sol dans un verre et ajoute de l'eau distillée.

2 Mélange bien l'eau et le sol, puis laisse reposer pendant quelques minutes.

3 Trempe une bande de papier de tournesol rose dans l'eau contenant la terre et observe ce qui se passe. Si le sol est acide, la couleur du papier ne changera pas. S'il est alcalin, le papier virera au violet.

4 Maintenant trempe une bande de papier de tournesol violet dans l'eau et observe ce qui se passe. Si le sol est acide, la bande de papier virera au rose. S'il est alcalin, la couleur ne changera pas.

5 Si aucune des bandes de papier ne change de couleur, le sol est neutre, c'est-à-dire ni très acide ni très alcalin.

La Terre est entourée d'une couche de gaz appelée **atmosphère** ou air. En général, on ne remarque sa présence qu'en cas de vent fort, et on pense que l'air n'a pas de poids. Mais en réalité, l'air exerce en permanence une pression vers le haut, vers le bas et sur les côtés. La pression de l'air est en fait une force puissante.

Les changements de pression atmosphérique sont liés au temps qu'il fait. En général, une chute de pression annonce un temps humide ou orageux. Une haute pression signifie l'arrivée d'un temps sec et ensoleillé.

1 Coupe l'embout du ballon et tends-le comme un couvercle sur le pot à confiture. Fixe-le sous le rebord du pot avec un élastique pour rendre celui-ci hermétique.

2 Fixe le pot au socle en bois avec de la colle forte ou une boule de colle caoutchouc.

3 Taille l'une des extrémités de la paille en biseau. Colle l'autre extrémité sur le ballon tendu, par petites touches de colle à rustines (utilisée pour réparer les chambres à air des bicyclettes).

4 Découpe une bande de carton assez longue, plie-la en trois et colle-la de sorte qu'elle ait la forme d'un triangle debout. Fixe le triangle sur le socle en bois du baromètre.

À TOI DE JOUER!

Les météorologues mesurent la pression de l'air avec un **baromètre**. Cet instrument contient généralement du mercure, un métal liquide lourd, très sensible aux variations de pression et de température. Ces baromètres au mercure sont très précis, mais tu peux aussi en fabriquer un beaucoup plus simple à partir d'un ballon gonflable et d'un bocal en verre.

Matériel nécessaire

un pot à confiture en verre   des élastiques
un ballon gonflable   de la colle à rustines
une grosse paille plastique   du carton en couleur
du papier millimétré   un niveau à bulle
de la colle caoutchouc

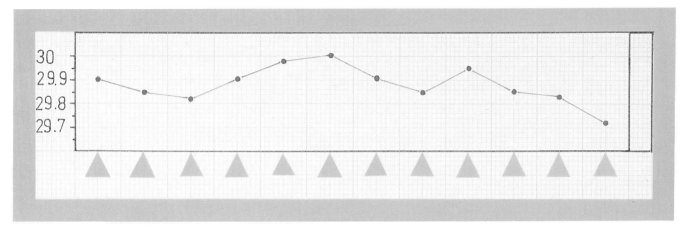

5 Utilise le niveau à bulle pour maintenir la paille exactement à l'horizontale et trace une ligne sur le carton. Ce sera la ligne médiane de ton baromètre. Les hautes pressions seront mesurées au-dessus de cette ligne, les basses pressions au-dessous.

Comment fonctionne le baromètre à ballon

Lorsque la pression de l'air augmente en dehors du pot, elle appuie sur le ballon et la pointe de la paille s'élève. Lorsque la pression baisse, l'air contenu dans le pot se dilate, poussant le ballon vers le haut, et la pointe de la paille plonge alors vers le bas.

▲ Noter les relevés

Ce graphique illustre les changements de pression atmosphérique. Les relevés ont été effectués aux États-Unis, à Chicago, sur une période de douze jours pendant le mois d'octobre. À ton avis, quand a-t-il probablement fait beau et chaud? Quand a-t-il sans doute plu?

Note sur un graphique les relevés réalisés avec ton baromètre.

La pression de l'air est beaucoup plus forte au niveau du sol qu'en altitude. Une pression faible signifie que l'air est moins dense: on a du mal à respirer.

T'es-tu jamais demandé par un jour de fortes bourrasques, ce qui provoquait ce vent? C'est l'air entourant la Terre qui se déplace continuellement. L'air chaud est plus léger que l'air froid. Lorsqu'il se réchauffe, l'air chaud s'élève, créant une zone de basse pression et permettant à un air plus froid et donc plus lourd de s'engouffrer dans l'espace dégagé et de le remplir.

Les cerfs-volants

Les cerfs-volants permettent d'observer le vent et de déterminer sa force et sa direction. Au 19e siècle, avant l'invention des avions, les météorologues utilisaient souvent des cerfs-volants pour enregistrer les températures et mesurer la vitesse des vents très haut dans le ciel.

À TOI DE JOUER!

Fabrique ton cerf-volant cellulaire pour observer le vent.

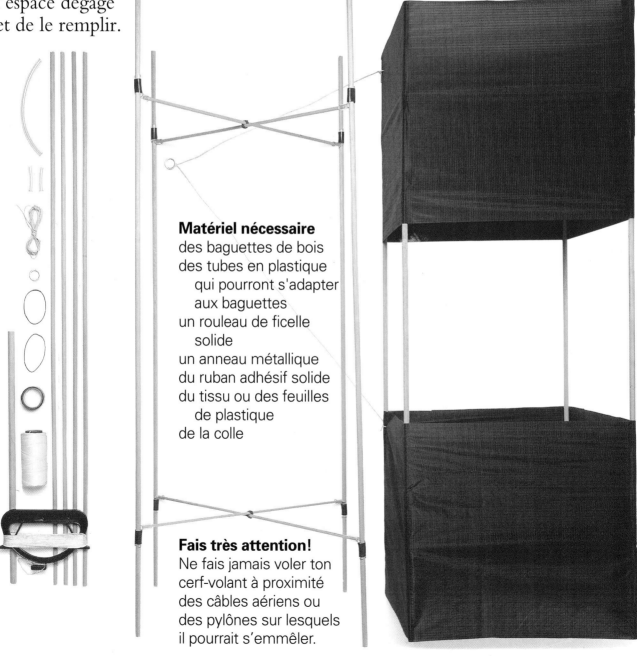

Matériel nécessaire

des baguettes de bois
des tubes en plastique
    qui pourront s'adapter
    aux baguettes
un rouleau de ficelle
    solide
un anneau métallique
du ruban adhésif solide
du tissu ou des feuilles
    de plastique
de la colle

Fais très attention!

Ne fais jamais voler ton cerf-volant à proximité des câbles aériens ou des pylônes sur lesquels il pourrait s'emmêler.

1 Demande à un adulte de couper les baguettes en quatre longs morceaux et en quatre croisillons plus courts.

2 Coupe le tube en plastique en huit morceaux. Au milieu de chaque morceau, fais une entaille pour former les joints où les barres transversales rejoignent les montants. Observe le diagramme ci-dessous.

3 Colle les joints avec du ruban adhésif et renforce-les au besoin. Attache fermement les barres transversales au milieu avec des élastiques ou de la ficelle.

4 Découpe deux morceaux de tissu ou deux feuilles de plastique dont tu entoures le tiers supérieur et le tiers inférieur de l'armature du cerf-volant. Colle-les sur les supports.

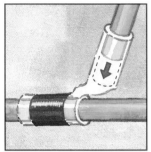

Faire les joints

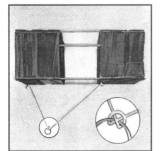

Fixer la bride

5 Fabrique la bride du cerf-volant. Coupe un bout de ficelle un peu plus long que les montants et attache l'anneau métallique aux deux tiers de la longueur de la ficelle.

6 Attache le bout le plus court de la ficelle à l'extrémité d'un des montants et l'autre bout aux deux tiers de la longueur du même montant. C'est très important que l'angle de la bride soit correct pour un décollage réussi.

7 Noue une extrémité du rouleau de ficelle à l'anneau métallique et enroule le reste sur une baguette de bois épaisse (tu peux aussi acheter une poignée spéciale pour cerfs-volants dans un magasin spécialisé). Ton cerf-volant est prêt à voler.

Les cerfs-volants ont une longue histoire. On pense qu'ils ont été inventés par les Chinois voici plus de 3 000 ans. Les cerfs-volants sont non seulement utilisés par les météorologues, mais également par des chercheurs dans de nombreuses autres disciplines scientifiques. En 1752, Benjamin Franklin utilisa un cerf-volant qu'il avait lui-même construit pour réaliser une expérience célèbre qui permit de prouver que les éclairs sont une forme d'électricité. Les frères Orville et Wilbur Wright se servirent eux aussi de cerfs-volants cellulaires pour les expériences qui devaient les conduire à la mise au point du premier avion en 1903.

36 La force du vent

Les vents peuvent se transformer d'une douce brise en une violente tempête, destructrice et mortelle. Les cyclones sont parmi les vents les plus violents. Ils se forment au-dessus des océans dans les tropiques, quand l'air est aspiré par une zone de basse pression. Souvent, de gros nuages noirs tourbillonnent autour de l'œil du cyclone, à une vitesse supérieure à celle d'un train à très grande vitesse.

À TOI DE JOUER!

Tu ne verras peut-être jamais de cyclone mais partout il y a des jours calmes et des jours de vent. Fabrique un **anémomètre**, instrument simple de mesure du vent, et note chaque jour la vitesse du vent là où tu habites.

1 Prends une baguette de bois épaisse. Elle doit s'encastrer dans le tube de cuivre pour former le montant de l'anémomètre.

2 Demande à un adulte de percer dans le montant un trou du même diamètre que celui d'une des baguettes de bois fines. Fends chaque extrémité de cette baguette, passe-la dans le montant et colle-la, comme sur la photo.

3 Découpe la pointe et l'empenne d'une flèche dans du carton et encastre-les dans les fentes des extrémités de la baguette fine.

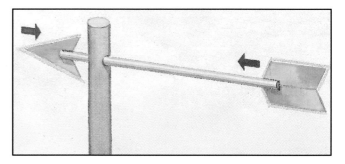

4 Découpe un quart de cercle dans du carton en couleur et colle-le sur la flèche.

5 Prends un gobelet en plastique le plus grand possible. Colle-le fermement à l'extrémité d'une seconde baguette fine.

6 Demande à un adulte de percer un trou de petite taille à l'autre bout de cette baguette et cloue-la au montant. Vérifie que la baguette bouge facilement.

7 Choisis un point d'observation dehors. Plante le tube de cuivre dans le sol et enfonce le montant dans le tube. Maintiens-le en place avec une épingle à tête plastique. Vérifie que le montant est vertical en suspendant une rondelle au bout d'un fil attaché à la flèche. Le fil doit être absolument parallèle au montant.

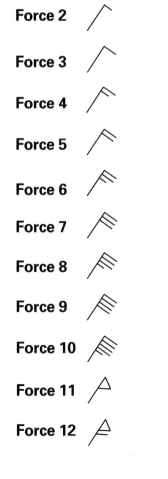

Matériel nécessaire

une baguette de bois
  épaisse
des baguettes de bois
  fines
une ficelle et une rondelle
un gobelet en plastique
du ruban adhésif étanche
des épingles à tête
  plastique
du carton en couleur
un tube de cuivre

▼ La force des vents
est indiquée sur les
cartes météorologiques
par le nombre de traits
sur le symbole
représentant le vent.

Force 2

Force 3

Force 4

Force 5

Force 6

Force 7

Force 8

Force 9

Force 10

Force 11

Force 12

◄ Le vent fait tourner la
flèche dans la direction
d'où il vient.

► Le vent qui souffle
dans le gobelet fait
s'élever le bras. Plus le
vent est fort, plus le bras
s'élève.

L'échelle de Beaufort

Cette échelle permet de mesurer la force du vent. Elle a
été mise au point en observant la nature. Elle a été
inventée par un amiral anglais, Sir Francis Beaufort, il y a
plus de deux cents ans.

Force 1   Calme. Les feuilles des arbres sont immobiles.
Force 2   Faible brise. Les feuilles des arbres frémissent.
Force 3   Brise légère. Les feuilles des arbres bougent
              constamment.
Force 4   Brise modérée. Les branches remuent.
Force 5   Bonne brise. Les petits arbres oscillent.
Force 6   Vent frais. Les grandes branches se balancent.
Force 7   Grand vent. Les arbres oscillent.
Force 8   Coup de vent. Des branches sont arrachées.
Force 9   Fort coup de vent. Les bâtiments sont
              légèrement endommagés.
Force 10 Tempête. Arbres déracinés.
Force 11 Violente tempête. Ravages étendus.
Force 12 Cyclone. Destruction complète.

38 La direction du vent

La direction du vent varie en fonction des saisons et des variations de la pression atmosphérique. Les vents sont décrits selon leur provenance. Par exemple, les vents d'ouest soufflent de l'ouest.

La direction des vents a une influence considérable sur le temps. En Europe et en Amérique du Nord, par exemple, les vents du nord amènent généralement un temps froid. De même, si un vent traverse une mer ou un océan, il aura plus tendance à amener la pluie que s'il passe au-dessus d'un désert ou d'une chaîne de montagnes.

À TOI DE JOUER!

Une simple girouette permet de savoir d'où vient le vent à un moment donné, mais les météorologues ont besoin d'enregistrer la direction des vents sur de plus longues périodes. Fabrique ton propre enregistreur pour déterminer sur une longue période les variations de direction des vents, sans avoir à sortir dix fois par jour pour vérifier la girouette.

1 Colle une bobine de fil vide au fond d'une boîte à chaussures, légèrement décentrée, comme sur la photo de gauche. Remplis la boîte de sable ou de gravillons afin de la lester.

2 Perce un trou dans le couvercle de la boîte, juste en face du centre de la bobine collée sur le fond. Colle une autre bobine au-dessus du trou et enfile la baguette de bois dans les bobines et le trou.

Matériel nécessaire

du carton et du papier en couleur
une petite boussole
une baguette de bois
du sable ou des gravillons
un crayon bien taillé
du ruban adhésif et de la colle
deux bobines de fil vides
une boîte à chaussures

*Bien que la direction du vent change d'un jour à l'autre, la Terre est entourée d'un ensemble de **vents dominants** qui circulent selon un schéma à peu près régulier. Dans le passé, les navigateurs dépendaient largement de ces vents pour voyager sur les océans du globe.*

3 Vérifie que la baguette peut tourner librement. Fabrique la girouette avec un triangle de carton que tu fixes à la baguette comme illustré sur la photo. Colle un crayon sur le côté du triangle; la pointe du crayon doit être au niveau du couvercle de la boîte.

4 Colle la boussole sur le couvercle et pose ton enregistreur à un endroit où il sera protégé de la pluie, mais pas du vent.

5 Fabrique des fiches de relevés avec du papier millimétré en y indiquant les points cardinaux. Un trait épais correspondra à la direction d'où les vents ont le plus soufflé.

Vents dominants

Utilise chaque jour une nouvelle fiche pour tes relevés et inscris tes observations dans un cahier. Si tes notes sont prises soigneusement sur une période de temps assez longue, tu pourras déduire la direction principale d'où soufflent les vents. Elle représentera le vent dominant de ta région. La direction des vents change-t-elle suivant la saison?

Les nuages de pluie se forment par l'action du soleil sur les océans, les mers et les lacs. Lorsqu'elle est chauffée, l'eau à la surface de la Terre se transforme en **vapeur** et s'élève dans l'air chaud. Cet air chaud continue à monter mais, au fur et à mesure qu'il se refroidit, la vapeur se condense pour former les nuages. Au bout d'un certain temps, ces nuages deviennent si épais et si lourds que la pluie retombe sur la Terre.

▲ La manière la plus simple de prévoir le temps est d'observer la forme et la couleur des nuages. Des nuages cotonneux et blancs très haut dans le ciel sont généralement signe de beau temps, mais les nuages bas et gris amènent souvent la pluie. Si tu as un appareil photo, photographie les nuages. Pour chaque photo, note soigneusement le jour et les conditions météorologiques.

À TOI DE JOUER!

Mesurer et noter la chute des pluies constitue une partie importante du travail du météorologue. Les agriculteurs, en particulier, ont besoin de connaître les cycles de précipitations afin de pouvoir prévoir les périodes de temps sec ou humide. Fabrique un pluviomètre simple et utilise-le pour mesurer les précipitations dans ta région.

▼ **Pluviomètre** - bouteille en plastique.
Coupe le haut d'une bouteille en plastique pour fabriquer un entonnoir. Retourne-le et enfonce-le vers le fond de la bouteille sans oublier d'enlever le bouchon! À l'aide d'une règle, place de petits morceaux de ruban adhésif étanche à intervalles réguliers sur la bouteille: ils te serviront à mesurer la quantité d'eau.

Matériel nécessaire

un entonnoir en
   plastique
un bocal en verre
du papier millimétré
une règle
des ciseaux
du ruban adhésif
une bouteille en
   plastique d'un litre
   et demi ou de
   deux litres.

Relevés

Mesure la quantité d'eau tombée dans ton pluviomètre juste après l'arrêt de la pluie ou le matin de bonne heure avant que l'eau s'évapore sous l'effet du soleil. Pour réduire l'évaporation, tu peux également placer ton pluviomètre dans un trou creusé dans le sol.

▶ Pluviomètre à résultat rapide

Fabrique un pluviomètre à résultat rapide avec un entonnoir en plastique et un bocal en verre. Place l'entonnoir dans le bocal et fixe-le avec du ruban adhésif étanche. L'extrémité large de l'entonnoir permet de récupérer plus d'eau qu'un simple cylindre.

   Le pluviomètre à résultat rapide est très pratique pour comparer les quantités de pluie qui tombent d'un jour à l'autre dans un même endroit, mais il ne donne pas de résultats très exacts en centimètres. Pour cela, il vaut mieux utiliser un pluviomètre fabriqué à partir d'une bouteille en plastique.

Les différentes parties du monde ne reçoivent pas les mêmes quantités de pluie. Les déserts sont situés loin du parcours des vents porteurs de pluie et peuvent rester des années sans recevoir une goutte d'eau. À d'autres endroits, il pleut tous les jours. Cependant, dans la plupart des cas, les chutes de pluie varient en fonction des saisons.

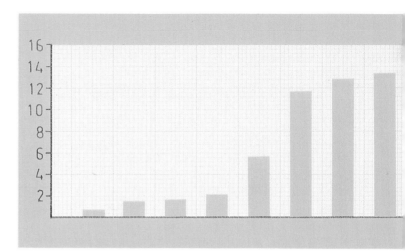

▲ Noter les relevés

Note la quantité de pluie tombée par jour, par semaine et par mois. Note ces informations sur un histogramme.

La mesure des variations de température constitue une partie importante du travail du météorologue. Les agriculteurs ont besoin de savoir si la chute de la température peut entraîner des gelées et détruire leurs cultures. La police veut pouvoir prévenir les automobilistes en cas de verglas sur les routes. Enfin, on aime tous savoir s'il faut s'emmitoufler ou s'habiller légèrement.

Les thermomètres

On mesure la température avec un thermomètre. La plupart des thermomètres contiennent un métal liquide, le mercure, idéal pour afficher les changements de température. Ce métal a un point de congélation très bas, un point d'ébullition très haut et se dilate proportionnellement à son échauffement.

À TOI DE JOUER!

Fabrique un thermomètre avec de l'eau colorée, qui elle aussi se dilate en s'échauffant. Il ne sera pas aussi précis qu'un thermomètre au mercure, mais suffisant pour te donner une idée des changements de température.

1 Demande à un adulte de percer un trou du diamètre du tube en plexiglas dans le bouchon de liège.

2 Fais passer le tube dans le bouchon afin qu'il dépasse un petit peu de l'autre côté (**fais très attention** à ne pas te blesser!). Prends une petite boule de pâte à modeler pour fixer le tube en plexiglas. Colle une longue règle de carton derrière le tube.

3 Remplis la bouteille jusqu'au bord avec de l'eau teintée par un colorant alimentaire.

Matériel nécessaire

une bouteille en verre
du colorant alimentaire
du carton et du ruban adhésif
une carafe en verre
des glaçons
un bouchon de liège
de la pâte à modeler
un tube transparent en plexiglas

La température est mesurée soit en degrés Celsius (°C), soit en degrés Fahrenheit (°F). L'eau gèle à 0°C et bout à 100°C.

4 Place la bouteille dans une carafe remplie de glaçons. Le niveau d'eau doit descendre légèrement. (L'eau se contracte jusqu'à une température de 4 °C. En-dessous de cette température, elle recommence à se dilater.)

5 Remplis la bouteille jusqu'au bord et enfonce le bouchon dans le goulot. Il doit être très serré, de manière à ce que l'eau n'aille que dans le tube.

6 Quand l'eau s'est contractée et a atteint son volume minimum, marque le niveau atteint dans le tube sur la règle de carton. À ce point, la température est donc de 4 °C.

7 Sors ton thermomètre de la glace. L'eau monte dans le tube au fur et à mesure qu'elle se réchauffe.

8 Tu peux marquer d'autres points de repères sur ta règle de mesure en utilisant comme référence un thermomètre au mercure. Ou bien tu peux inscrire la température maximum et la température minimum et observer les changements.

▶ Le thermomètre ci-contre est un thermomètre à maxima et à minima. Il affiche la température actuelle, mais aussi la plus haute et la plus basse atteintes. Sur la photo, il indique que la température actuelle est de 18 °C mais aussi qu'elle est descendue à 6 °C et montée à 28 °C depuis sa dernière remise à zéro.

▼ Avec un tel thermomètre, tu peux mesurer quotidiennement les températures maximum et minimum et noter leur évolution sur un graphique.

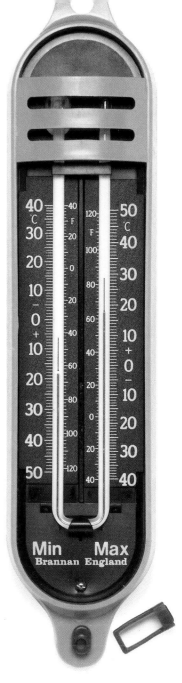

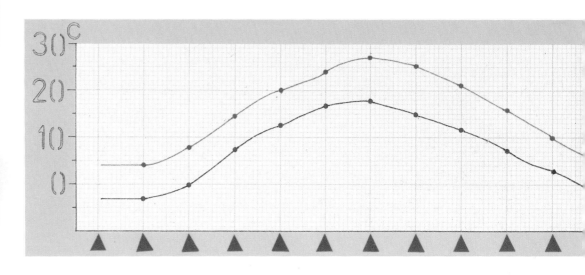

Quand les scientifiques réalisent leurs expériences, ils vérifient toujours soigneusement les conditions dans lesquelles ils travaillent. Toi aussi, tu dois vérifier tes expériences.

Si, par exemple, tu veux enregistrer tous les jours la température qu'il fait dans ton jardin, place toujours le thermomètre au même endroit. Sinon, tes résultats seront faussés. Certaines parties du jardin sont peut-être mieux abritées du vent, ou ont une meilleure exposition au soleil. En déplaçant le thermomètre, tu modifierais les résultats autant que le feraient des variations de température réelles.

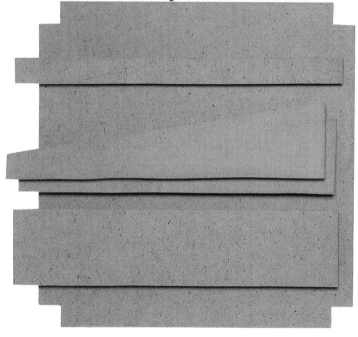

Matériel nécessaire

du bois	du contre-plaqué
des charnières et des vis	des clous
des chaînes métalliques	des pinceaux
de l'enduit de préparation	de la peinture de fond
de la peinture blanche brillante	
une scie à chantourner	

À TOI DE JOUER!

Les professionnels de la météorologie et les amateurs avertis conservent leurs instruments de mesure les plus fragiles dans un abri de Stevenson. Les variations de température et de pression atmosphérique peuvent être enregistrées fidèlement de l'intérieur de l'abri. L'air entre par les volets, mais les instruments sont protégés des vents forts et de la lumière directe du soleil.

1 Demande à un adulte de couper le contre-plaqué comme illustré ci-dessous. Il te faut un carré pour le fond, et un autre légèrement plus grand pour le toit. Coupe également deux pans inclinés pour les côtés du toit, une bande large pour l'avant et une plus étroite pour l'arrière. Les pans inclinés doivent être de la hauteur de la bande large à une extrémité et de celle de la bande étroite à l'autre.

2 Fabrique maintenant quatre écrans à jalousies. Avec l'assistance d'un adulte, coupe huit montants et entaille-les pour pouvoir y placer les volets. Comme les volets doivent être dirigés vers le bas, il sera plus facile de les coller et de les clouer à partir du bas de l'écran.

3 Colle un morceau de bois au sommet et au bas de chacun des volets, comme indiqué, et visse-les pour les renforcer.

4 Fabrique les pieds à partir de quatre poteaux carrés de bois solides de longueurs égales. Place l'abri à environ un mètre du sol.

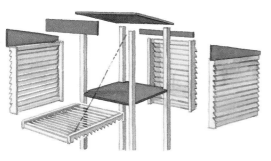

5 Cloue et colle l'ensemble de l'armature comme indiqué sur le diagramme, en faisant bien attention que la partie la plus élevée du toit soit du côté de la porte afin que l'eau ne s'écoule pas vers celle-ci.

6 Trois des écrans sont fixés fermement sur l'armature. Place les charnières et les chaînes sur le quatrième écran pour en faire la porte.

7 Peins l'abri en blanc pour réfléchir la lumière du soleil. Rends-le aussi étanche que possible en passant trois couches, d'abord une couche d'enduit, puis une couche de fond et enfin une bonne couche de peinture blanche brillante.

8 Installe ton abri à l'extérieur. Tu peux maintenant enregistrer les données météorologiques. Tu peux aussi fabriquer une girouette colorée, avec des baguettes de bois et du balsa, et la fixer sur ta station météorologique.

Acide Produit chimique. Les aliments qui contiennent des acides, comme le citron, ont un goût aigre ou piquant.

Alcali Produit chimique. Un alcali est le contraire d'un acide. La magnésie est un alcali courant. On l'absorbe sous forme de poudre ou de liquide pour soigner les maux d'estomac. Certains légumes, le chou par exemple, poussent mieux dans les sols alcalins.

Anémomètre Instrument qui sert à mesurer la vitesse ou la force du vent.

Anticlinal Partie supérieure d'un pli de la croûte terrestre.

Atmosphère Ensemble des gaz composant l'air qui entoure la Terre.

Atomes Particules minuscules, plus d'un million de fois plus petites que l'épaisseur d'un cheveu humain. Tout ce qui nous entoure est composé d'atomes. Ils servent de briques de construction à la matière. En associant différents atomes de diverses manières, on obtient des substances différentes.

Baromètre Instrument utilisé pour mesurer la pression atmosphérique.

Calcite Minéral qu'on trouve dans le calcaire. Les dépôts de calcite forment des stalactites et des stalagmites. Dans l'industrie, la calcite entre dans la composition du ciment, de la peinture et du verre.

Coordonnées Sur les cartes, les coordonnées sont constituées d'une lettre et d'un chiffre qui permettent de définir un point précis du quadrillage.

Couche supérieure Couche de sol située à la surface d'un terrain. Elle contient les particules de sol les plus fines.

Évaporation Quand un liquide s'évapore, il se transforme en vapeur, généralement sous l'effet de la chaleur. L'eau qui s'évapore, par exemple, se transforme en vapeur d'eau.

Géographie Étude de la surface de la Terre. La géographie physique étudie les caractéristiques naturelles de la planète, alors que la géographie humaine étudie la façon dont les hommes vivent dans différents endroits de la Terre.

Géologie Étude de la structure de la Terre et plus spécialement de ses roches et minéraux.

Graben Terme utilisé par les géologues pour désigner l'effondrement d'une zone de terrain entre deux failles de la croûte terrestre.

Horst Surélévation d'une zone de terrain entre deux failles de la croûte terrestre.

Légende Sur une carte, la légende décrit la signification des symboles utilisés.

Magma Roches en fusion qui se forment généralement dans le manteau supérieur de la Terre.

Manteau La couche supérieure de roches et de minéraux située sous la croûte terrestre.

Météorologie Étude du temps.

Minéral Les minéraux sont des substances, telles que les roches et les métaux, qui ne sont pas vivantes. Sur Terre, tout ce qui n'est pas animal ou végétal (ou fait à partir de produits animaux ou végétaux) est minéral.

Montagnes plissées Montagnes formées lorsque des parties de la croûte terrestre ont été poussées l'une contre l'autre et que la surface s'est ridée en plis ondulés.

Montagnes produites par cassure et soulèvement Montagnes formées lorsque la croûte terrestre s'est brisée et décalée vers le haut ou vers le bas.

Plaques continentales La croûte terrestre est brisée en une vingtaine de grands morceaux ou plaques. La forme des continents reflète la forme des plaques continentales.

Solution saturée De nombreuses substances, le sucre et la calcite par exemple, se dissolvent et se mélangent avec l'eau et forment une solution. Toutefois, l'eau ne peut absorber qu'une quantité limitée d'une substance donnée. Lorsqu'une certaine quantité d'eau a dissous la quantité maximum d'une substance donnée, le mélange obtenu est appelé solution saturée.

Sous-sol Les couches les plus basses du sol, près des roches solides.

Stalactite Excroissance de calcaire longue et fine qui pend du plafond d'une grotte ou d'une caverne.

Stalagmite Dépôt de calcaire long et fin qui monte du sol d'une grotte.

Strates Couches, en général de roches ou de sol.

Synclinal Partie inférieure d'un pli de la croûte terrestre.

Tectonique des plaques Étude des plaques continentales et de leurs déplacements.

Théodolite Instrument utilisé pour mesurer l'altitude d'un terrain.

Vapeur d'eau Minuscules particules d'eau, en suspension dans l'air.

Vents dominants Les vents dominants d'une région donnée sont ceux qui soufflent le plus souvent d'une direction spécifique.

48 Index